DAS KONZEPT DER WANDERLUST ERKUNDEN

DAS KONZEPT DER WANDERLUST ERKUNDEN

HARPER NORTHWOOD

CONTENTS

Einführung in Wanderlust		1
1	Die Psychologie des Fernwehs	5
2	Intelligente Reiseplanung	10
3	Kulturelles Eintauchen und tiefe Verbindungen	13
4	Abenteuer und mutiges Leben	16
5	Nachhaltige Reisepraktiken	20
6	Digitales Nomadentum und Remote-Arbeit	23
7	Alleinreisen und Gruppendynamik	28
8	Reisen mit Sinn	32
9	Gesundheit und Wellness unterwegs	36
10	Erinnerungen festhalten und Geschichten erzählen	40
Reflexionen über Fernweh und persönliches Wachstum		44

Copyright © 2025 by Harper Northwood
All rights reserved. No part of this book may be reproduced in any manner whatsoever without written permission except in the case of brief quotations embodied in critical articles and reviews.
First Printing, 2025

Einführung in Wanderlust

Das Wort *Wanderlust*, das seine Wurzeln im Deutschen hat, hat vor kurzem auch in die englische Sprache Einzug gehalten und ist zu einer fesselnden Metapher geworden, mit der die Sehnsucht nach fernen Orten, die Lust am Wandern und Abenteuer sowie die ausgeprägte Vorliebe für die hemmungslose Erkundung der Welt ausgedrückt werden. Zum ersten Mal in der Menschheitsgeschichte teilen Menschen auf der ganzen Welt dieses intensive Verlangen, die Welt zu sehen und kennenzulernen, häufig und weitgehend unvermindert. Antike Entdecker und Grenzgänger trotzten den Gefahren der Erdoberfläche, um sich eine bessere Zukunft zu sichern, getrieben von der Sehnsucht, das Ende der Welt zu erreichen. Statt bloßes Überleben zu suchen, suchten sie nach Inspiration und schätzten die Reise ebenso wie das gewünschte Ziel.

Diese Sehnsucht kann aus bestimmten Urlaubserinnerungen herrühren, die uns eher mit Aufregung als mit Flucht erfüllt haben. Alternativ kann es eine visuelle Darstellung einer Suche sein, eine lange Reise zu meistern, alles auf Ihrer Liste der Dinge zu sehen, die Sie unbedingt sehen müssen, und jeden Aspekt davon zu feiern. In der heutigen Zeit bedeutet „Reisen", sich auf ein neues Abenteuer einzulassen. Es ist zu einem wichtigen Aspekt der psychologischen Ökonomie geworden, da viele reisen, um Träume zu verwirklichen, die direkt unter der Fassade ihres restriktiven Alltags lauern. Die Reise selbst wird so wichtig wie das Ziel. Um Ihr Fernweh zu stillen, müssen Sie nicht unbedingt auf Reisen gehen oder typische Sehenswürdigkeiten besuchen. Dieses Buch bezieht sich sowohl auf normales als auch auf Freizeitreisen und bietet Einblicke, wie Reisen eine neue Erzählung für unser Leben bieten.

Die Ironie des Lebens ist paradoxerweise tröstlich und erfrischend, wenn man sich in einer fremden Umgebung befindet. Auf Reisen kann man eine bedeutende Midlife-Crisis erleben und erkennen, dass es bei Fernweh nicht nur um Urlaub geht. Es geht darum, die Beziehung zu sich selbst zu vertiefen und tief und mutig zu leben.

Wanderlust definieren

Wanderlust manifestiert sich als intensiver Drang, die Welt zu erkunden. Manchen erscheint es als Traum, kreuz und quer über den Globus zu reisen; andere wiederum als dumpfes Verlangen nach Abenteuer. Diese Sehnsucht nach neuen Wasserformationen, frischen Skylines, exotischen Aromen und einzigartigen Gesichtern ist mit einem Hauch Romantik verbunden. Wanderlust bietet nicht nur Nervenkitzel, sondern auch Glück, nicht nur die Verbindung mit Bräuchen, sondern auch mit sich selbst. Dieses komplexe Gefühl aus Verlangen und Angst, diese Mischung aus Sehnsucht und Erfahrung hat einen Namen: Wanderlust.

Dieses doppelte Verständnis von Wanderlust – als Suche nach dem, was wir zu Hause nicht haben, und als Streben nach einer gefühlten Abwesenheit – verkörpert die emotionale Verflechtung mit dem Konzept. Wanderlust lässt vermuten, dass es alternative Welten und das Gefühl mit sich bringt, dass Sehnsüchte anderswo erfüllt werden. Die Bedeutung der unterwegs erlebten Orte, Landschaften und Kulturen wird bei der Rückkehr nach Hause neu empfunden. Während sich Wanderlust also aus Träumen von Konsum und Verlangen speist, wird das Reisen zu viel mehr als einer Bühne für die Vervollständigung von Fantasien oder die Erfüllung von Träumen.

Historisch betrachtet fehlte die Sehnsucht nach Reisen und Exotik während des größten Teils der Menschheitsgeschichte. Obwohl einige Menschen zum Handel reisten, andere migrierten und wieder andere ihre Heimat als Flüchtlinge verließen, wurden Reisende und Migranten in traditionellen Agrargesellschaften, in denen die Menschen dazu neigten, in der Nähe ihrer Heimat zu bleiben, in der Regel verachtet. Solange Reisen verachtet wurden, blieb die Sehnsucht nach Reisen die Sehnsucht kultureller Außenseiter, die sich aufgrund ihrer Missachtung von Konventionen und sozialem Druck abgrenzten. Als die städtische Mittelschicht wuchs und sich modernisierte, wurden Reisen zum Vergnügen akzeptabler, aber die Sehnsucht nach Reisen stand weiterhin im Gegensatz zur Heimat. Heute stellt Fernweh eher eine Wahl als eine Notwendigkeit dar und bezeichnet eine bestimmte privilegierte Einstellung, Lebensweise und Fantasie über das individuelle und soziale Selbst.

Historische und kulturelle Perspektiven

In *Wandering: A Cultural History of Walking* verfolgt Solnit den Wandel der öffentlichen Meinung gegenüber Wanderern: „Die Entwurzelung aus dem Land und seinen Ritualen und den vielen Arten von Bindungen, die dies mit sich bringt, wird mit der Zeit als Zerstörung, als Diebstahl konnotiert. Diese entwurzelten Jungen und Mädchen geistern mit ihrer Hobo-Amoral durch die Gegend. Sie wurden – stereotypisch – demoralisiert." Die heilige Peripetie wurde als Teil des Menschseins abgetan und die Wanderlust wurde in einen bloßen Zwang zum Herumstreifen und eine Flucht aus dem Sessel heraus, die eine Abweichung von der Gesellschaft zur Folge hatte, unterteilt.

Historisch betrachtete man die Symptome der Wanderlust als pathologisch und als Folge eines tiefen und einsamen Wahnsinns. Die Ursprünge dieses frühen Verständnisses von Wanderlust scheinen in den grundlegenden emotionalen Reaktionen zu liegen, die durch das Reisen ausgelöst werden. Samuel Johnson sprach vom Reisen als einer persönlichen Emotion von „Keh-keh-keh!" und Brissot de Warville warnte die Franzosen: „Gare au voyage: C'est dans le bonheur du voyageur que se tient le malheur du paysan [Passt auf die Reisenden auf, denn das Glück des Reisenden verursacht das Elend des Bauern]."

Wenn man das Fernweh aus einer historischen und kulturellen Perspektive betrachtet, hilft das auch, viele der psychologischen und soziologischen Ansätze zum Fernweh zu erklären, zumindest in den nationalen westlichen Kulturen. Das Wort „Fernweh" hat in anderen Sprachen nicht die gleiche Wirkung gezeigt und ist in diesem konzeptuellen Ghetto geblieben, mit sowohl sehnsüchtigen als auch pathologischen Konnotationen.

Der soziale Kontext hat die Grundlage für den Begriff des Fernwehs geliefert. Aus einer breiteren gesellschaftlichen Sicht könnte man argumentieren, dass der Bericht der Genesis über die Vertreibung von Adam und Eva aus dem Garten einen Wandel von in der Wildnis umherwandernden Tieren zu Menschen mit einem ernsthaften Ziel markierte.

CHAPTER 1

Die Psychologie des Fernwehs

Psychologen definieren *Fernweh* oder das intensive Verlangen zu reisen als einen Versuch der Selbsterkundung und ein Gefühl von Freiheit, nicht als eine Form der Realitätsflucht. Während sich viele davon angezogen fühlen, neue Reiseziele und Kulturen zu erkunden, haben Psychologen und Forscher versucht, die zugrunde liegenden Motivationen und Antriebe unserer Reiselust zu verstehen. Professor Ruth Ann Atchley von der University of Kansas prägte den Begriff „rostige Wanderer", um Menschen zu beschreiben, die jahrelang in der gleichen Umgebung verbringen und immer noch Fernweh verspüren. Unsere anhaltende Motivation zu erkunden und zu reisen wird größtenteils durch die Bandbreite an neuen Erfahrungen genährt, die wir suchen. Während wir uns mit unserer oft homogenen Umgebung vertraut machen, stagniert unser Gehirn und unser Anregungs- und Engagementniveau nimmt folglich ab. Indem wir unsere Umgebung verändern und neue Kulturen erkunden, setzen wir uns wieder mit der Welt um uns herum auseinander. Für uns ist das Reisen ein wesentlicher Mechanismus, um scharfsinnig und neugierig zu bleiben.

Dieses tiefere Verständnis von Fernweh ermöglicht es uns auch, die damit verbundenen Emotionen zu verstehen. Als Menschen neigen wir von Natur aus dazu, uns an neue Erfahrungen anzupassen. Dieser Prozess, bekannt als „hedonische Anpassung", ist die Art und Weise, wie der Körper die Auswirkungen positiver und negativer Emotionen reguliert, indem er Erfahrungen in unseren Hintergrund filtert, während wir uns an sie gewöhnen, ähnlich wie ein Künstler, der Motive schattiert, damit sie mit dem umgebenden Hintergrund „verschmelzen". Während dieses psychologische Werkzeug vielleicht Glück und Optimierung hervorbringt, desensibilisiert es uns mit der Zeit auch gegenüber Reizen. Im Zusammenhang mit Fernweh erwarten wir viele dieser neuen Erfahrungen als natürlichen Teil unseres Lebens, weshalb es manchmal als eine Form der Realitätsflucht angesehen wird. Nur wenn wir unsere Denkweise von dieser eskapistischen Orientierung abwenden, können wir ein Gefühl der aktiven Erkundung und Erfüllung freisetzen, wenn wir uns auf eine Reise begeben.

Motivationen und Treiber

Der Lebensstil der Wanderlust wird durch eine Kombination aus dem Wunsch motiviert, neue Landschaften zu sehen, neue Menschen kennenzulernen und andere Lebensweisen kennenzulernen. Die Vorteile des Reisens sind gut dokumentiert, daher müssen wir uns nicht damit befassen, warum Menschen neue Orte sehen möchten – stattdessen gilt unser Interesse den sozialen und emotionalen Wünschen, die diesen Drang antreiben. Menschen entscheiden sich aus verschiedenen Gründen für das Reisen. In vielen Fällen zieht es junge Menschen um die ganze Welt, weg von der Vertrautheit ihres Zuhauses, weil ihr Leben voller Unsicherheit ist. In diesen Jahren der Pubertät und der Zeit danach sind wir am meisten damit beschäftigt, persönliche Entscheidungen zu treffen. Als

Reaktion auf diese Unsicherheit wird eine dualistische Dialektik verfolgt. Eine Projektion in unserem Versuch, die Gefangenschaft zu verstehen, in der sich die Menschen unserer Zeit befinden, stellt uns als wurzel- und richtungslose Reisende dar, die von vertrauten kulturellen Prägern getrieben werden – Kapitalismus, Konsumismus, Technologie, Thomas Cook, Lonely Planet. Diese externen Kräfte sind tief in der Gesellschaft verwurzelt und haben Werte, Ziele und Motivationen so geprägt, dass Reisende nicht mehr für sich selbst denken und die individuelle Freiheit und Selbstverantwortung fürchten, die sie erlangen würden, wenn sie es wagten, abseits der Masse zu denken. Diese unaufhörliche Ironie der Ungewissheit ist das zentrale Paradoxon, das diesem Kapitel zugrunde liegt: Menschen hassen das Konzept des Gefühls der Ungewissheit, aber sie nehmen es als Ausrede an, um ihr wahres Wesen zu definieren. In der modernen westlichen Gesellschaft treibt diese Ungewissheit junge Menschen auf der ganzen Welt auf die Suche nach persönlicher „Unvergesslichkeit", Individualität und unverfälschten Erfahrungen. Diese Bemühungen führen zur Entdeckung des Selbst und geben dem Leben Orientierung und Sinn.

Vorteile und Nachteile

Durch Fernweh können Menschen an einem Tag mehr sehen als viele in einem Jahr. Als unheilbarer Wunsch, zu reisen und die Welt zu sehen, hat Fernweh seine Vorteile. Wanderer sind nicht nur Touristen; sie erleben und betreten die Welten, die sie durchqueren, auf eine Weise, die ihre Perspektive und Weltanschauung bereichert. Gleichzeitig hat Fernweh auch Nachteile, da der intensive Wunsch, in Bewegung zu bleiben und zu erkunden, es schwierig machen kann, an einem Ort zu bleiben und Wurzeln zu schlagen. Ob es für manche eine chronische Herausforderung oder ein kurzes emotionales und mentales Verlangen ist, Fernweh hat seine Vor- und Nachteile.

Vorteile:

- **Das Leben erleben:** Obwohl Fernweh oft mit der Liebe zum Reisen und Entdecken in Verbindung gebracht wird, ist ein entscheidender Aspekt der Wunsch und der Ehrgeiz, neue Dinge zu erleben, Chancen zu ergreifen, das Unbekannte zu akzeptieren und sich selbst herauszufordern. Wer Fernweh verspürt, möchte das Beste aus jedem Moment machen.

- **Perspektivenerweiterung:** Fernweh bereichert den eigenen Horizont, indem es den Einzelnen mit unterschiedlichen Kulturen, Lebensstilen und Weltanschauungen in Berührung bringt und so ein breiteres Verständnis der Menschheit fördert.

Nachteile:

- **Herausforderungen bei der Sesshaftwerdung:** Der Drang, ständig in Bewegung zu bleiben und Neues zu entdecken, kann in Beziehungen und im Berufsleben zu Herausforderungen führen, da er Sicherheit und Bindung an eine Organisation oder Institution erfordert.

- **Angst, etwas zu verpassen:** Der überwältigende Wunsch, sich zu bewegen und Erfahrungen zu sammeln, kann insbesondere in jungen Jahren zu der Angst führen, etwas zu verpassen und Bedauern zu empfinden.

Indem man sich sowohl der Vor- als auch der Nachteile der Reiselust bewusst ist, kann man seinen Entdeckungsdrang mit einem ausgewogenen Ansatz steuern und so sicherstellen, dass die Reise durchs Leben so erfüllend wie möglich ist.

CHAPTER 2

Intelligente Reiseplanung

Einer der wichtigsten Wegweiser für ein mutiges Leben ist das Konzept des intelligenten Reisens. Ein mutiges Leben bedeutet oft, ein Leben auf der Straße zu führen, unkonventionelle Abenteuer zu erleben, sich gut vorzubereiten und Entscheidungen zu treffen, die Ihre Reiseziele unterstützen. Intelligentes Reisen bedeutet nicht einen kurzen Wochenendausflug, zwei Wochen an einem sonnenverwöhnten Ort oder die zehn beliebtesten Reiseziele in Ihrem Reiseführer abzuarbeiten. Stattdessen bedeutet intelligentes Reisen, sich auf wohlüberlegte und gut geplante Reisen zu begeben, die Ihre Erfahrungen bereichern und Ihren Horizont erweitern.

Strategien für intelligentes Reisen

Für viele ist Reisen ein Traum, der den Reichen, Rentnern oder Menschen vorbehalten ist, die dem Alltagstrott entfliehen möchten. Aber die Wahrheit ist: Jeder kann die Welt bereisen. Fernweh ist nicht nur etwas für die Reichen oder Schönen. Natürlich hilft Geld, und Jobs, die Sie an Orte wie Vietnam oder Schweden führen, haben ihre Vorteile. Das Wesentliche an DIY-Reiseplanung (Do-It-Yourself) liegt jedoch darin, zu verstehen, dass intelligentes Reisen das Ergebnis einer guten Reiseplanung ist. Bevor Sie irgendwohin reisen, müssen Sie Entscheidungen darüber treffen, wie Sie reisen, mit wem Sie reisen und was Sie tun werden, wenn Sie dort ankommen.

Recherche und Vorbereitung: Die Entscheidung zu reisen, wohin man geht und was man tut, sind kritische Momente vor jeder Reise. Recherche und Planung sind Schlüsselkomponenten in dieser Anfangsphase. Die Richtung, die eine Person wählt, kann viel darüber aussagen, wer sie ist und wie sie die Welt sieht. Der Philosoph Alain de Botton bemerkt in „Eine Woche am Flughafen": „Wenn wir ein paar Tage damit verbringen würden, uns der Gesellschaften, des Marktes und uns selbst bewusst zu werden, würden wir klüger denken, wären zuversichtlicher in unseren Entscheidungen und viel freier in unseren Aktivitäten."

Reisen bedeutet nicht, dass man lange auf fremdem Boden verweilt. Es kann ein Kitsch-Shoppingausflug in eine nahegelegene Stadt oder ein Wochenendabenteuer sein. Ein Urlaub ist sogar in der eigenen Innenstadt möglich, wenn man nur ein begrenztes Budget hat und wenig Zeit hat, das Haus zu verlassen. Angesichts der Fülle an Möglichkeiten, Zielen, Hilfsmitteln und Logistik kann die Planung und Vorbereitung einer Reise sehr unterhaltsam sein. Wo beginnt man die Reise, wie beginnt man die Reise und wohin möchte man gehen?

Budgetierung und Finanzen: Die Verwaltung der Finanzen ist für jeden Lebensstil ein wichtiges Thema, insbesondere auf Reisen. Wer für längere Zeit im Ausland lebt, beispielsweise sechs Monate in Mexiko, geht eine erhebliche und oft unerwartete finanzielle Verpflichtung ein. Budgetierung und finanzielle Vorbereitung hängen vom Lebensstil und etwaigen anstehenden Verpflichtungen im Ausland ab. Kurzzeiturlaube erfordern deutlich weniger finanzielle Verpflichtungen als das Leben in einem anderen Land. Ein sechsmonatiger Aufenthalt im Ausland erfordert eine sorgfältige Finanzplanung. Jeder sollte seine eigene wirtschaftliche und finanzielle Situation berücksichtigen, bevor er ins Ausland zieht.

Möglichkeiten zur Verwaltung der Finanzen im Ausland: Eine gute Finanzstrategie besteht darin, einen Finanzplaner, Buchhalter oder Anwalt zu konsultieren, der Ihnen dabei hilft, Ihr Vermögen während Ihres Auslandsaufenthalts legal und umsichtig zu verwalten. Zu einer verantwortungsvollen Finanzverwaltung gehört das Zahlen von Steuern, das Tätigen von Investitionen und regelmäßige Einzahlungen in ein Rentenkonto. Es ist auch ratsam, etwas Bargeld und Kredit mit sich zu führen, um Sie während einer finanziellen Übergangsphase zu überbrücken. Die meisten Fachleute werden per E-Mail oder Telefon mit Ihnen zusammenarbeiten, insbesondere wenn Sie bereits Kunde sind. Sie können auch einen Fachmann aus einer Großstadt wie Los Angeles beauftragen, der Ihren Standort betreut.

Reisen ex tempore: Mit einem Urlaub sind zwei große Kosten verbunden: Reise und Unterkunft. Für diejenigen, die preiswert reisen können, ohne auf ihre Altersvorsorge zurückgreifen zu müssen, sind die Tickets normalerweise der größte Kostenfaktor. Suchen Sie nach Flügen außerhalb der Saison. Im Winter sollten Sie einen Strand im Süden ansteuern, im Sommer in den Norden. Die Nebensaison ist ideal, da Ihr Urlaubsziel noch warm ist, Sie aber keine Spitzenpreise zahlen müssen. Nutzen Sie günstige Unterkünfte und seien Sie in Bezug auf Ort und Unterkunft flexibel. Die größten Einsparungen erzielen Sie oft, wenn Sie offen für neue Ideen sind. Legen Sie ein Reisebudget fest und berücksichtigen Sie große Fixkosten wie die Miete, während Sie bei der Budgetierung Ihrer Einnahmen und Ausgaben auch kluge Sparmaßnahmen anwenden.

CHAPTER 3

Kulturelles Eintauchen und tiefe Verbindungen

Als Angehöriger der menschlichen Spezies sind Ihre Sinne Ihre wichtigsten Werkzeuge, um sich in der Welt zurechtzufinden. Das Sehvermögen ist das wichtigste und ermöglicht es Ihnen, Risiken schnell einzuschätzen, Nahrungsquellen, Schutz und Wärme zu identifizieren und Ihre Umgebung zu bewerten. Der Tastsinn hilft Ihnen, Ihre Umgebung zu gestalten und zu manipulieren, während Sie mit dem Gehör die Nähe und Absichten anderer erkennen können. Diese Sinne sind für Sicherheit und Überleben von entscheidender Bedeutung und helfen bei der Kommunikation und Navigation.

Wenn es jedoch um Fernweh geht, dienen Ihre Sinne mehr als nur praktischen Bedürfnissen. Manche Menschen streben nach etwas Größerem – weniger Greifbarem, aber Tiefempfundenem. Eine Verbindung mit etwas Neuem und Anderem. Fernweh bietet einen praktischen Vorteil, der über das bloße Überleben hinausgeht: die Fähigkeit, wertvolle Informationen zu kommunizieren und vertrauensvolle soziale Bindungen aufzubauen. Individuelle Neugier weckt Wissen, Gespräche und Kreativität und führt zur Entwicklung neuer Werkzeuge und Methoden. Das Teilen von Erfahrungen und Informationen über die unmittelbare Gemeinschaft hinaus kann allen zugute kommen. Allein der Wunsch, scheinbar irrelevante Details zu teilen, kann durch die Offenbarung gemeinsamer Erfahrungen und Gemeinsamkeiten Frieden bringen.

Lokale Interaktionen und Sprachenlernen

Lokale Interaktionen und das Erlernen von Sprachen sind entscheidend, um auf Reisen tiefere, authentischere Verbindungen zu knüpfen. Studien in der Tourismus- und Reiseforschung betonen die Bedeutung des Eintauchens in eine andere Kultur durch Interaktion, Sprache, Erfahrungen aus erster Hand und Freundschaften. Mangelnde lokale Interaktion kann zu persönlicher Unzufriedenheit und verpassten Entwicklungsmöglichkeiten führen. Das Erlernen von Sprachen ist, insbesondere bei gering qualifizierten Personen, ein wesentliches Hindernis für lokale Interaktion und internationale Bildung.

Wie oft jemand reist oder wie viel Zeit er auf einer Reise verbringt, ist kein guter Indikator für den Wert einer Erfahrung. Der wahre Wert liegt in der Tiefe und Vielfalt des sozialen und wirtschaftlichen Netzwerks, das durch lokale Interaktionen aufgebaut wird. Um sinnvolle Verbindungen zu knüpfen, muss man die lokale Sprache kennen, um lokale Freunde zu finden und persönliche Gespräche zu führen, die den Lebensweg verändern können. Sprache und persönliche Interaktionen sind das, was Reisen vom bloßen Tourismus unterscheidet.

Nachhaltiger Tourismus

Verantwortungsvoller Tourismus bedeutet, dass Reisende an Aktivitäten teilnehmen, die ihnen direkte und authentische Begegnungen mit der lokalen Bevölkerung, der Natur und dem kulturellen Erbe ermöglichen. Dieser Ansatz kommt sowohl dem Reisenden als auch der lokalen Gemeinschaft zugute. Zu den Praktiken des verantwortungsvollen Tourismus gehören:

- **Nachhaltigkeit:** Wir nutzen umweltverträgliche oder vertikal ausgerichtete Organisationen, halten uns an die Regeln zur Wildnisbewirtschaftung, die keine Spuren hinterlassen, und wählen Wanderrouten und Basislager sorgfältig aus, um die Umweltauswirkungen so gering wie möglich zu halten.
- **Entwicklung lokaler Ressourcen:** Unterstützung von Initiativen wie dem Peace Corps, das Freiwillige darin ausbildet, das lokale Erbe zu nutzen und die Pflege historischer und kultureller Ressourcen zu finanzieren. Abenteuerreiseorganisationen unterstützen auch von Einheimischen betriebene Ökotourismusprogramme, Lebensmittelkooperativen, Jugendsport und Umweltbildung.

Reisende sollten versuchen, Teil der Orte zu werden, die sie besuchen, indem sie Geld und Unterstützung für die lokalen Gebiete spenden und gleichzeitig ihr eigenes Leben bereichern. Dieser Ansatz ermöglicht es Reisenden, einen fairen Marktwert für verbesserte Erlebnisse zu zahlen und sinnvolle Verbindungen mit den Menschen, Kulturen, dem Land und der Tierwelt vor Ort aufzubauen. Verantwortungsvolles Reisen kommt sowohl dem Reisenden als auch dem Besucher zugute und führt oft zu einer persönlichen Veränderung und einer tieferen Wertschätzung für die Welt.

CHAPTER 4

Abenteuer und mutiges Leben

Abenteuer und mutiges Leben – wenn es nicht zumindest ein gewisses Risiko birgt, ist es kein Abenteuer. Abenteuer, Reisen und die Freuden des Fernwehs werden nicht mehr als Hobby derjenigen angesehen, die keinen richtigen Job finden oder sich die Zeit vertreiben können, bevor sie eine Familie gründen. Tatsächlich können, tun und sollten Abenteuer uns allen helfen, tiefer zu leben, unsere Komfortzonen umfassender zu erweitern und umfassender mit unserer Welt zu interagieren. Der Lebensstil des Fernwehs ist wahrlich ein mutiges Leben. Es ist ein Leben voller leidenschaftlicher Umarmungen, lautem Lachen und dem aufrichtigen Streben nach der Welt, die wir lieben. Der mutigste und freudigste Lebensstil bringt jedoch auch Herausforderungen mit sich. Die offene Straße, die überall und nirgendwohin führt, bringt uns in Wirklichkeit zu den am wenigsten besuchten Orten der Welt und stellt uns vor unzählige Herausforderungen.

Risiko: „Stunden der Langeweile, Momente des Schreckens" – Risiko ist ein wesentlicher Bestandteil der Freuden, die das Fernweh mit sich bringt. Während Abenteuer und Entdeckungen zu den vielen Freuden des beispiellosen Wanderns gehören, geht vieles

DAS KONZEPT DER WANDERLUST ERKUNDEN – 17

von dem, was folgt, auf die zuvor besprochenen Grundprinzipien des Wanderns zurück. Abenteuer als Transformation: Unsere Leidenschaften, Bestrebungen und Entscheidungen sollen unsere Grenzen erweitern, uns etwas über die Welt beibringen und uns zeigen, wie gerne wir lachen, wie tief wir weinen und wie wir ständig diejenigen umarmen, die wir sonst nicht als Freunde bezeichnen könnten. Leidenschaftliches Leben – ein Leben voller Abenteuer – ist kein egoistisches. Indem wir unsere eigenen Abenteuer finden, formen wir unsere Persönlichkeit neu und verbessern oft die Welt um uns herum.

Risikobereitschaft und persönliches Wachstum

Risikobereitschaft ist ein entscheidender Aspekt der persönlichen Entwicklung und beeinflusst die eigenen Vorlieben und Erfahrungen. Reisen sind oft mit gewissen Risiken verbunden, da Menschen ihre Grenzen überschreiten und dabei verschiedene Mittel anwenden. Die Angst oder Unsicherheit vor ungewohnten Umständen und die damit verbundenen wahrscheinlichen Risiken sind mit Entdeckerreisen verbunden, da sie ihre Komfortgrenzen überschreiten. Beispielsweise ist das Risiko für jemanden, der noch nie in den Rocky Mountains war, viel höher als für jemanden, der regelmäßig mit dem Mountainbike durch felsiges Gelände fährt. Risiken oder Herausforderungen im Zusammenhang mit Reisen können situationsbedingt sein, aber im Durchschnitt sind diejenigen, die ihren Urlaub damit verbringen, die Rocky Mountains zu erkunden, größeren Risiken ausgesetzt als Reisende, die alles bis hin zu sicheren Touristenorten planen.

Das Annehmen von Risiken oder Krisen als Teil einer Entscheidung ist ein grundlegender Grundsatz im psycho-spirituellen Rahmen von Wachstum und persönlicher Entwicklung. Das Staunen und die Ehrfurcht, die aus Begegnungen mit Spitzenerlebnissen erwachsen, erzeugen Reaktionen und Lernen. Solche Strategien, die durch Begegnungen mit der Natur als Ausdruck von Spitzenerlebnissen in den Alltag integriert werden, unterstützen die persönliche Entwicklung. Es ist möglich, Veränderungen oder Umwälzungen zu meistern und erfolgreicher verwandelt daraus hervorzugehen, wenn man Risiken eingeht, als ohne.

Im Outdoor-Abenteuertourismus und in den Lebenserfahrungen des abenteuerlustigen Bevölkerungsteils fördert Risikobereitschaft die räumliche, zeitliche und kognitive Erweiterung. Entscheidungen, die auf risikofreudiges Verhalten ausgerichtet sind, fördern die Kunst des Teilnehmers und fördern die allgemeine intellektuelle Neugier und Komplexität. Viele unternehmen Reisen zur ganzheitlichen persönlichen Entwicklung, wobei ein wesentlicher Bestandteil der Erwerb neuer Perspektiven, Praktiken und Routinen ist. Der Hauptreiz des Reisens ist die Erfahrung der Erleuchtung oder des persönlichen Wachstums, die eng mit Anerkennung und Ehrfurcht verbunden ist.

Reisende gehen solche Verpflichtungen ein, wenn sie eine Reise in Erwägung ziehen und sich dazu entschließen. Die Unternehmensberater Pam Goldsmith und Garry Waldorf unterstützen dieses Konzept in ihrem Buch *The Acme Whistle* . Die britische Anwaltskanzlei Clifford Chance führt ehemalige Mitarbeiter auf Wanderungen rund um Londons Rubikon und durch den Maschinenraum der Magna Carta. Diese Wanderungen versuchen, die Situationen echter Auswanderer nachzubilden, die sich von der familiären Infrastruktur lösen mussten, um einen Neuanfang zu wagen. Um diese schwierigen Wanderungen zu meistern, müssen die Teilnehmer London um fünf Uhr morgens verlassen, durch brusthohes Wasser waten und Wände erklimmen. Wunschdenkende, kühne und kluge Pläne bilden den Kern der Reiselust. Um sich auf die Ästhetik des Reisens einzulassen, braucht es kühne Pläne, Visionen und Strategien.

Komfortzonen erweitern

Komfortzonen stellen die Barriere zwischen dem dar, was Sie bereits wissen und können, und dem, was Sie nicht können. Das Überschreiten dieser Grenzen bringt inhärente Schwierigkeiten mit sich, aber die Frage, ob es sich lohnt, bleibt unerschütterlich. Es lohnt sich nicht nur, sondern ist auch der einzige Weg zu persönlichem Wachstum und Transformation. Jeder technologische und medizinische Durchbruch entstand außerhalb der Komfortzone, und jeder Job, den Sie verabscheuten, führte Sie schließlich zu Ihrem Traumjob. Das Verständnis dieser Wahrheiten zeigt, wie sich das Überschreiten der Komfortzone wirklich auszahlt.

Das Brechen von Routinen und vorgegebenen Pfaden fördert das Wachstum. Erhöhte Kreativität, Empathie und Sensibilität gegenüber Menschen und Ideen ergeben sich als Nebenprodukte des Betretens der Wildnis. Herumprobieren reicht nicht aus; ein Sprung in einen kleinen Fuß fremdes Wasser lässt Anzeichen von Wachstum im Dunkeln. Der Sprung in unbekannte Ozeane stößt jedoch am Horizont auf eine Vielzahl von Fähigkeiten und Wissen. Wachstum erfordert erschreckend schwierige und alarmierende Erfahrungen. Diese scheinbar negativen Ergebnisse symbolisieren transformierende Konfrontationen, die Ihre Komfortzonen durchbrechen. Das ist die Realität des Überschreitens von Komfortzonen: mutiges Leben. Kluge Reisende entdecken durch das Wunder der Reiselust, dass Widrigkeiten die Kraft entwickeln, eine bessere Version von sich selbst anzunehmen.

CHAPTER 5

Nachhaltige Reisepraktiken

Umweltfreundliche und menschenfreundliche Strategien sind für verantwortungsbewusstes Reisen von entscheidender Bedeutung. In diesem Teil erfahren Sie, wie Sie die Welt auf eine Weise bereisen, die sie unversehrt lässt und die Menschen vor Ort unterstützt, denen Sie unterwegs begegnen.

Warum es wichtig ist

Im ersten Teil dieses Kapitels haben wir uns mit dem Konzept der Reiselust beschäftigt. Reisende suchen tiefere, intimere und echtere Lebenserfahrungen, egal wohin sie reisen. Wer jedoch über Sinn, Zweck und Weg des Reisens schreibt, übersieht oft die Millionen Menschen auf der Erde und den Planeten selbst. In einer Welt voller kultureller Vielfalt machen sich viele Reisende kaum Gedanken über Begegnungen mit den Bewohnern der Städte und Dörfer, die sie besuchen. Sie machen sich Sorgen, wenn sie die Pyramiden sehen, den Everest besteigen oder die Löwen von Chobe finden, ohne die Auswirkungen ihrer Reisen auf die örtlichen Gemeinden oder die Umwelt zu berücksichtigen.

Mission to Wonder: Bewusstes Reisen schließt jegliches ausbeuterische Reisen aus. Wir bekräftigen unser Engagement für

Nachhaltigkeit und die Verbundenheit mit den Orten, Kulturen und Menschen, denen wir begegnen. Wir hoffen, dass unsere Reisephilosophie die Art und Weise, wie wir alle reisen, auf kleine, aber bedeutsame Weise verändern wird.

Umweltbewusste Entscheidungen

Wanderlust drängt Reisende dazu, ihren Horizont zu erweitern, sich außerhalb ihrer Komfortzone aufzuhalten und sich neuen Denkweisen und Erfahrungen zu öffnen. In einer Welt, die durch Technologien wie Flugreisen, Kreuzfahrten und Nachtzüge weithin zugänglich ist, hat dies erhebliche Auswirkungen auf die Umwelt. Husserl zufolge „stellt der Mensch durch das Reisen Kreativität und Spontaneität an die erste Stelle seines Lebens." Doch der verantwortungslose Umgang mit dem Planeten und die Priorisierung kommerzieller Interessen gegenüber natürlichen Ressourcen haben viele Aktivisten und Wissenschaftler dazu veranlasst, die Reisebranche für die negativen Auswirkungen der Massenvertreibung zu kritisieren.

Reisen kann Reisende weiterbilden, ihre Weltanschauung erweitern und Empathie und aktive Solidarität mit lokalen Gemeinschaften aufbauen. Um die Auswirkungen zu minimieren, ist es wichtig, umweltbewusste Entscheidungen zu treffen.

Aus der Sicht von Fable und Fahnestock meiden umweltbewusste oder nachhaltige Touristen beliebte, überfüllte Gebiete und spontane, kurzfristige Reiseideen, um ihre Umweltbelastung zu reduzieren. Nachhaltige Touristen empfinden die Umweltzerstörung als einen großen negativen Einfluss der Tourismusbranche und schätzen Erhaltungsinitiativen, die die Umweltbelastung minimieren. Aktive Reisende, die detaillierte Informationen zu Gesundheit und Wohlbefinden anfordern, nutzen diese, um umweltbewusste Reisepläne zu erstellen.

Ökotouristen suchen oft weniger überfüllte und einzigartige Reiseziele, um ihren ökologischen Fußabdruck zu verringern und eine nachhaltigere Art des Reisens zu wählen. Nationale Medienkanäle, Reiseführer und Werbematerial bieten Empfehlungen für einzigartige persönliche Erlebnisse auf der ganzen Welt.

Unterstützung lokaler Gemeinschaften

Ein ethischer Umgang mit Einheimischen verändert Reiseerlebnisse. Wenn Reisende in Reiseerlebnisse investieren, die ihnen neue Fähigkeiten vermitteln oder Touren von Einheimischen anbieten, bauen sie eine tiefe Verbindung zu den Menschen und Orten auf, die sie besuchen. Dieses ethische Engagement stellt sicher, dass nicht nur die mächtigen Gruppen davon profitieren, sondern auch die wahren Verwalter des Landes und der Kultur – diejenigen, die ihre Geschichten und Erfahrungen verantwortungsvoll bewahren und teilen.

Durch die Teilnahme an lokalen Veranstaltungen und Touren wird sichergestellt, dass die Einnahmen aus dem Tourismus in Form von Trinkgeldern und Verkäufen direkt an die Familien vor Ort gehen. Wenn kleine Gemeinden aufgrund einzigartiger und authentischer Interaktionen Einnahmen aus dem Tourismus erzielen, ist es wahrscheinlicher, dass sie ihre Kultur weiterhin teilen.

Anderen zu helfen, schafft eine Gemeinschaft, die zu einer Entwicklung aus der Armut führen kann. Wenn Sie sich mit Einheimischen beschäftigen, bedeutet das, dass Ihre Tourismusausgaben ihnen direkt zugute kommen. Resorts und Safari-Camps, die für gesellschaftliches Engagement werben und etwas zurückgeben, sind wichtig, aber direkte Spenden von Einzelpersonen an die Gemeinschaft haben eine große Wirkung. Wenn Sie sich wirklich mit den Einheimischen beschäftigen, können Sie viel mehr zurückbekommen.

CHAPTER 6

Digitales Nomadentum und Remote-Arbeit

Digitales Nomadentum ist ein schnell wachsender Trend und kann als Erweiterung der Indie-Traveller-Bewegung gesehen werden. Es beschreibt Menschen, die gerne reisen, neue Orte erkunden und die Vorteile der Standortunabhängigkeit nutzen, um häufig ihre Umgebung zu wechseln. Wenn Sie ein mobiler und technisch versierter Berufstätiger sind – ein Designer, Programmierer, Autor, Internet-Vermarkter, Blogger oder jemand, der in einem Geschäft arbeitet, das über das Internet abgewickelt werden kann – sind Sie ein digitaler Nomade. Viele digitale Nomaden teilen ihre Geschichten auf Blogs, und einige verdienen sogar Geld, indem sie anderen beibringen, wie man ein digitaler Nomade wird. Blogs und Websites, die sich diesem Lebensstil widmen, sind beliebter denn je. Sie können aus der Ferne arbeiten, während Sie die Welt erkunden und bereisen, obwohl dies eine Anpassung Ihres Lebensstils und einen praktischen Ansatz bei der Suche nach Möglichkeiten für Remote-Arbeit erfordert.

Tools und Ressourcen

Mit einem klaren Verständnis von Fernweh und den gängigen Ansätzen für Remote-Arbeit ist es an der Zeit, praktisch zu werden und spezifische Tools und Ressourcen zu erkunden, um die Standortunabhängigkeit Wirklichkeit werden zu lassen. Dieser Abschnitt behandelt eine Reihe von Technologien und Diensten, die angehenden digitalen Nomaden oder Remote-Arbeitern helfen, Produktivität mit Abenteuer zu verbinden, um ihre Reiseträume zu verwirklichen. Wir befassen uns auch mit den ethischen und sozialen Dilemmata des digitalen Nomadentums und den globalen Herausforderungen, die der „neue Kolonialismus" westlicher digitaler Pendler in kostengünstigen Umgebungen mit sich bringt. Zur Unterstützung dieser Bewegung sind geeignete rechtliche und administrative Rahmenbedingungen erforderlich.

Wichtige Tools und Ressourcen:

1. **Ein Blog/eine Website:** Teilen Sie Ihre Erfahrungen und Ihr Fachwissen.
2. **Soziale Medien:** Nutzen Sie Plattformen wie Twitter, Facebook, LinkedIn und andere, um mit potenziellen Kunden in Kontakt zu treten.
3. **Plattformen zum Arbeitsaustausch:** Melden Sie sich bei Websites wie Workaway und WWOOF an, um Ihre Zeit im Austausch gegen Unterkunft und Verpflegung anzubieten.
4. **Job-Websites:** Erkunden Sie Jobbörsen und Websites, die sich speziell an digitale Nomaden richten, wie RemotelyAwesomeJobs, Work At My Desk und RemoteOK. Auch die Stellenbereiche von Carbonmade und Behance sind einen Besuch wert.
5. **Networking:** Viele Freunde zu finden ist wichtig, um Ihr Netzwerk zu erweitern und Ihren Kundenstamm zu vergrößern. Dadurch verbessern sich auch Ihre Reisemöglichkeiten und Sie können möglicherweise Geld

sparen, indem Sie bei Freunden übernachten, die Sie unterwegs kennenlernen.

Fähigkeiten und Fertigkeiten für das digitale Nomadentum:

- **Selbstdisziplin:** Behalten Sie Konzentration und Produktivität.
- **Zeitmanagement:** Schaffen Sie ein effektives Gleichgewicht zwischen Arbeit und Reisen.
- **Intrinsische Motivation:** Bleiben Sie motiviert und zielstrebig.
- **Anpassungsfähigkeit:** Navigieren Sie mit Leichtigkeit durch Veränderungen und Unsicherheit.

Praktische Tools:

- **Kommunikation:** Tools wie Slack, Zoom und Skype für eine effektive Kommunikation.
- **Synchronisierung:** Plattformen wie Google Drive und Dropbox für die gemeinsame Nutzung von Dateien und die Zusammenarbeit.
- **Korrespondenz:** E-Mail-Verwaltungstools wie Gmail und Outlook.
- **Büroverwaltung:** Tools wie Trello und Asana für Projektmanagement.
- **Informationen und Transport:** Apps wie Rome2rio und Skyscanner zur Reiseplanung.
- **Social Bookings:** Plattformen wie Airbnb und Couchsurfing für Unterkünfte.

- **Remote Professional Services:** Websites wie Upwork und Fiverr für die Suche nach freiberuflicher Arbeit.

Vereinbarkeit von Beruf und Privatleben
Obwohl die Arbeit für die meisten digitalen Nomaden wichtig und erfüllend ist, ist sie nicht das Einzige im Leben. Entscheidend ist, dass Arbeit und Freizeit harmonisch ineinandergreifen. Die Work-Life-Balance beschreibt die Beziehung zwischen Arbeit und anderen Verpflichtungen und wie sie sich gegenseitig beeinflussen.

Work-Life-Balance verstehen:

- Dabei geht es nicht darum, für Arbeit und Freizeit die gleiche Stundenzahl einzuplanen, sondern darum, die Arbeit an Ihren Lebensstil anzupassen.
- Es ist der Gleichgewichtszustand, in dem Karriere und Ambitionen den gleichen Stellenwert haben wie Freizeitaktivitäten und Familienleben.

Vorteile der Work-Life-Balance:

- Reduziert Stress und Burnout.
- Verbessert das allgemeine Wohlbefinden und Glücksgefühl.
- Steigert Produktivität und Kreativität.

Strategien zur Erreichung einer Work-Life-Balance:

- **Grenzen setzen:** Legen Sie klare Arbeitszeiten fest und halten Sie sich daran.
- **Priorisieren Sie Aufgaben:** Konzentrieren Sie sich auf Aufgaben mit hoher Priorität und delegieren oder eliminieren Sie Aufgaben mit niedriger Priorität.

- **Machen Sie Pausen:** Regelmäßige Pausen verbessern Konzentration und Produktivität.
- **Gehen Sie Hobbys nach:** Beteiligen Sie sich an Aktivitäten, die Freude und Entspannung bringen.
- **Bleiben Sie in Verbindung:** Pflegen Sie Beziehungen zu Familie und Freunden.

Manche Menschen glauben, dass man sich zwischen Karriere und Freizeit entscheiden muss, um Außergewöhnliches zu erreichen. Dies trägt jedoch nicht zur Selbstverwirklichung bei. Ein ausgeglichener Lebensweg ist unerlässlich. Sich nur auf die Arbeit oder nur auf sich selbst zu konzentrieren, kann zu Stagnation und späterem Bedauern führen.

CHAPTER 7

Alleinreisen und Gruppendynamik

Alleinreisen sind zwar nicht so verbreitet wie Gemeinschaftsreisen, haben aber in den letzten Jahrzehnten viel Aufmerksamkeit in den Medien erregt. Immer mehr Nachrichtenagenturen berichten über Geschichten von Menschen, die ihre Angst vor Unsicherheit überwunden und ihrer Neugier freien Lauf gelassen haben, um allein zu reisen. Alleinreisen sind zwar nicht so beliebt wie Gemeinschaftsreisen, aber sie sind weit verbreitet, insbesondere unter weiblichen Reisenden. Die zugrunde liegende Motivation besteht darin, Autonomie, Ruhe und Selbstfindung zu erlangen. Darüber hinaus kann Alleinreisen einen von der Mühe der Konsensfindung befreien und die Geselligkeit steigern. Die große Vielfalt und die Fälle von Alleinreisen lassen darauf schließen, dass es sich um ein einflussreiches Konstrukt handelt, das Menschen dazu bringt, auf alternative Weise zu reisen.

Nur wenige Studien haben versucht, Erfahrungen von Alleinreisenden zu untersuchen. Daher wird eine umfassende Literaturrecherche durchgeführt, die sich mit der Erforschung von Alleinreisenden befasst. Aktuelle Trends im Segment der Alleinreisenden, Gründe, warum Einzelpersonen alleine reisen, sowie die Vorteile und Hindernisse werden vorgestellt.

Gruppendynamik bei Urlaubsreisen

In der Gruppenforschung hat die Dynamik von Gruppenbeziehungen und -erlebnissen zugenommen. Die Welttourismusorganisation der Vereinten Nationen (UNWTO) schätzt, dass etwa 80 % der Reisenden mit einer oder zwei Personen Urlaub machen. Reisepartner sind meist Freunde, gefolgt von der Familie. Generell ist die Gruppenforschung fragmentiert, aber Gruppenforschung im Freizeit- und Tourismusbereich wird zunehmend geschätzt. Solche Studien untersuchen Kommunikation, Entscheidungsfindung, Einfluss, Beziehung und Mitgliederdynamik in Familien, Paaren und Peergroups. Einige dieser Studien befassen sich auch mit Reisenden im Hinblick auf kulturelle Gruppen, Arbeitsteams der Reisebranche, Freiwillige oder staatlich geförderte kulturelle Austauschprogramme. Gruppenreisen bringen Gruppendynamik in die Märkte, und diesem Forschungsbereich kann mehr Aufmerksamkeit gewidmet werden.

Vorteile und Herausforderungen

Vorteile

Unabhängiges Abenteuer: „Eins ist die einsamste Zahl", heißt es in einem Lied von Harry Nilsson, aber nicht, wenn es darum geht, unbekannte Orte und Kulturen zu erkunden und neue Freunde zu finden. Laut der US Travel Association reisen 80 Prozent der amerikanischen Reisenden lieber mit einem Begleiter, aber diese unerschrockenen Einzelgänger, die sich auf den Weg machen, genießen oft überraschenden Komfort und Spaß. Wenn sich ein Reisender dafür entscheidet, allein zu reisen, hat er die Freiheit, seine Reise um bestimmte Interessen herum zu planen – sei es die Erkundung der Welt der Folkmusik in Nashville oder die Entdeckung viktorianischer Friedhöfe und Grufte in London. Alleinreisen sind voller glücklicher Überraschungen und bieten hervorragende Möglichkeiten zur Selbstreflexion, zum Wiederaufbau des Selbstvertrauens und zum Knüpfen von Freundschaften.

Gemütlichkeit: Wenn Freunde oder Familie mitreisen, geht es beim Reisen nicht mehr nur um das Ziel. Jeder freut sich über eine Gruppe neugieriger Leute, die gemeinsam auf Reisen gehen, eine Hochzeit oder Flitterwochen planen, Zeit mit ihren Lieben verbringen oder eine religiöse Reise unternehmen möchten, bei der es um Gebete und gute Taten geht. Manchmal reisen auf einer Forschungsreise auch Verleger oder andere mit und bieten spannende Einblicke in Ihre Arbeit. Diese gemeinsamen Erlebnisse können zu schnellen Freundschaften und bleibenden Erinnerungen führen.

Herausforderungen
Alleinreisen: Alleinreisen kann mit Herausforderungen verbunden sein, wie z. B. Einsamkeitsgefühle oder Sicherheitsbedenken. Die Überwindung dieser Herausforderungen kann jedoch zu persönlichem Wachstum und einem Gefühl der Ermächtigung führen.

Gruppenreisen: Reisen mit anderen erfordert Kompromisse und Konsensbildung. Gruppendynamik kann eine Herausforderung sein, da unterschiedliche Meinungen und Vorlieben bewältigt werden müssen.

Unterwegs Verbindungen knüpfen
Alleinreisen bieten viele Möglichkeiten, andere Reisende und Einheimische kennenzulernen. Es bietet auch die Möglichkeit, sich innerlich zu verbinden, begleitet von Veränderungen in Werten und Lebensstil, die Offenheit für neue Erfahrungen, Flexibilität und die Bereitschaft erfordern, Annahmen über Schicksal, Erfolg und persönliche Verantwortung zu überdenken. Ob Sie allein oder mit

DAS KONZEPT DER WANDERLUST ERKUNDEN – 31

einem Begleiter reisen, Sie können Ihre Chancen erhöhen, sinnvolle Gespräche mit Einheimischen und Mitreisenden zu führen. Besonders stark ist die Anziehungskraft des Reisens unter den Zwanzig- und Dreißigern. Andere Möglichkeiten, den Kontakt zu anderen Reisenden zu intensivieren, sind die Teilnahme an Gruppenreisen, das Übernachten in Jugendherbergen oder die Teilnahme an lokalen Veranstaltungen. Passive Reisende haben eher die Chance, zufällige Begegnungen zu erleben und ein Netzwerk von Kontakten aufzubauen. Proaktive Bemühungen, Bekanntschaften zu schließen, können den Prozess beschleunigen, indem sie eine bewusste Anstrengung erfordern, aus dem Schneckenhaus der Privatsphäre oder Zurückhaltung auszubrechen. Allein an einem Restauranttisch zu sitzen, kann mehr Chancen bieten, Freundschaften zu schließen. Rentner oder Vagabunden mit „Treuhandfonds" sind möglicherweise zögerlicher, weil sie das Gefühl haben, in die Gesellschaft anderer einzudringen.

CHAPTER 8

Reisen mit Sinn

Wenn wir mit einem bestimmten Ziel reisen, verleihen wir unseren Erfahrungen eine menschliche Note. Ob wir uns freiwillig melden, arbeiten oder einfach nur einen besseren Weg finden, die Gemeinschaften eines neuen Ortes kennenzulernen, Befriedigung ist produktiv. Wir wissen das aus unseren eigenen Erfahrungen mit Altruismus und gemeinnütziger Arbeit, aus der Forschung zum Familienzusammenhalt im Rocky Mountain Fiddle Camp und aus Studien über ältere Reisende, die Bildungsreisen oder lebenslanges Lernen unternehmen. Hier überprüfen wir die Prinzipien erfolgreicher Programme, die von Road Scholar und Emerging Horizons propagiert werden, und denken über die Suche nach menschlicher Verbindung nach, wie sie in kommerziellen Reiseführern wie Lonely Planet vorgeschlagen wird.

Bewusst unterwegs zu sein erweitert unsere Freiheit, weil es über egoistisches Verhalten hinausgeht und uns die Tür zu den Verbindungen öffnet, die wir uns zutiefst wünschen. Das gilt auf unserem heimischen Boden und umso mehr, wenn wir die Schwelle bekannter Vertrautheit überschreiten. Indem wir uns entscheiden, global zu reisen, ziehen wir uns in immer größere Kreise gemeinsamer Erfahrungen mit unserer gemeinsamen menschlichen Gemeinschaft hinein. Die Orte, die Sie besuchen werden, sind einzigartige, wertvolle und notwendige Teile dieser Gemeinschaft. Wir bemühen uns, während dieses Entdeckungsprozesses unsere Dankbarkeit, Wertschätzung, Anteilnahme, Liebe und Fürsorge zu zeigen. Die spirituelle Tradition, in der wir verwurzelt sind, bietet dies als Ausgangspunkt für andere, um unsere grenzenlose Neugier, die Welt zu sehen, zu teilen. Wir hoffen, Sie zu einer breiteren, tiefgründigen, kritischen Wertschätzung nicht nur der Welt, in der Sie leben, sondern auch der Gastfreundschaft inspirieren zu können, die Ihnen so viele andere auf Ihren Reisen gerne entgegenbringen.

Freiwilligenarbeit und etwas zurückgeben

Manche ziehen es vor, Arbeit zu suchen, wo auch immer sie hingehen. Die Berufsbezeichnungen digitaler Nomaden sind so vielfältig wie ihre Heimatorte. Eine Opernsängerin, die in Genf als Kindermädchen arbeitete, fand beispielsweise kaum Opernjobs und wollte ihre Sprachen verbessern. Sie entdeckte das Büro des Internationalen Roten Kreuzes auf der anderen Straßenseite von ihrem Arbeitsplatz und ging hinein, um sich dort freiwillig zu melden. Dort stand ein alter Computer und sie hatte nichts zu tun, aber sie erinnerte sich an einige Leute, die sie dort getroffen hatte. Sie waren an Rollstühle gefesselt und hatten Verletzungen, die sie in ihren Heimatländern jahrelang in Krankenhäusern hielten. „Also sage ich ihnen, sie sollen mir Rollstühle schicken, damit wir sie dort behalten können", sagte ihre Büroleiterin, die für den Versand zuständig ist. „Das ist jetzt mein Sommerjob. Ich verpacke und versende Rollstuhlteile in kriegszerrüttete Länder."

Freiwilligenarbeit kann mehr sein als nur Gastfamilienaufenthalte. In einem Artikel über die Art von Reiseerlebnissen, die das Magazin Russian Life anbietet, schreibt Nancy Ries, außerordentliche Professorin und Lehrstuhlinhaberin für Anthropologie an der Colgate University, über einen Amerikaner, der nach Russland reist, um Kinderlager zu besuchen. „Sein Urlaub", erklärt Ries, „ist alles andere als eine ‚Pause' von der Arbeit. Seine Reise wird als eine Art Pilgerfahrt eines Arbeiters angesehen, der durch seinen Dienst in diese Welt kommt." Ries hat eine faszinierende Artikelserie über das geschrieben, was sie „Zufluchtstourismus" nennt, also Reisen in kriegszerrüttete Regionen, „dürre Orte, wie die Orthodoxen sie beschreiben, die Bewegung des Weihrauchs vom Altar zu den Gläubigen und dann wieder zurück."

Bildungs- und Lernmöglichkeiten

Ob auf einer Soloreise oder einem Familienabenteuer, jeder Reisende stößt auf unzählige Lernmöglichkeiten. Durch das bewusste Ergreifen dieser Möglichkeiten können Einzelpersonen in Bezug auf persönliche Normen und Werte, intellektuelles Verständnis, kulturelle Einsichten und bestimmte Fähigkeiten und Fertigkeiten enorm wachsen. Lernmöglichkeiten können wie folgt kategorisiert werden: (1) Reisearten, (2) zu besuchende Orte, (3) kulturelle Interaktionen, (4) große Feste und Veranstaltungen und (5) Sonstiges.

Reisende haben die Möglichkeit, endlos zu lernen, indem sie in den verschiedensten Bereichen ihrer Gastgemeinde ehrenamtlich tätig sind, zum Beispiel in Schulen, wo sie den Einheimischen Lesen und Schreiben oder Sozialkunde in einer anderen Sprache beibringen können, oder beim Erlernen von Tai Chi, Yoga, Landwirtschaft oder Kochen.

Die lehrreichen Erfahrungen, die durch verschiedene Reiseperspektiven vermittelt werden, können für die persönliche Weiterentwicklung und den kulturellen Austausch von enormer Bedeutung sein. Reiseführer, Orientierungshilfen oder Tipps zu Sehenswürdigkeiten oder Veranstaltungen können wesentlich zu einer erfolgreichen und angenehmen Erfahrung als Tourist und Pädagoge beitragen. Durch die Teilnahme an solchen Aktivitäten und die Betrachtung der Dinge von innen können Reisende praktische

Fähigkeiten als Lehrer, Gruppen- und Veranstaltungsmanager, Köche, Diätplaner und bis zu einem gewissen Grad auch als Landwirte entwickeln. Durch die ständige Integration von Einheimischen und anderen Touristen können Lernende ihr Verständnis für Vielfalt, interkulturelle Liebe, Einheit und Zusammenarbeit entwickeln. Kurz gesagt, man kann während einer spektakulären Reise seine Fähigkeiten, Integrität und Weisheit erheblich steigern und ein Weltbürger oder eine bedeutende Person werden.

CHAPTER 9

Gesundheit und Wellness unterwegs

Beim Reisen ist es wichtig, Gesundheit und Wohlbefinden im Vordergrund zu behalten. Dieses Kapitel untersucht verschiedene Aspekte der Erhaltung von Gesundheit und Wohlbefinden unterwegs. Hier erfahren die Leser, wie sie auf Reisen mit Sport, Stretching und Yoga umgehen und wie sie Zeit für meditative und spirituelle Übungen einplanen können. Zu den Diskussionsthemen gehören Ernährung und Ernährungsaspekte, neue, natürliche und alternative Therapien, die Natur von Schädlingen, Befall, Giften und Medikamenten, der Umgang mit tropischem Klima und das Überleben von Hitze und Sonnenschein, Sicherheit und Diebstahlprävention, Selbstverteidigung und Strategien für geistiges, emotionales und einstellungsbezogenes Wohlbefinden.

Das Konzept des gesunden Lebens sollte Lebensstilmuster umfassen, die unabhängig vom Standort befolgt werden können. Aktive Menschen auf der ganzen Welt sind tendenziell gesünder als ihre inaktiven Gegenstücke, vorausgesetzt, sie sind nicht überernährt. Die besten Praktiken bringen und halten Ihren Körper nicht nur in Bewegung, sondern inspirieren auch Einheit, Schutz, Fitness, Ausgeglichenheit, innere Stille, spirituellen Frieden, Mut, gesteigertes

Bewusstsein, Perspektive, Freude und Dankbarkeit. Gesunde Reisende können überall, wo sie hingehen, trainieren, sich dehnen, Sport treiben oder einfach zu Fuß gehen. Sie können Yoga oder Meditation oder Metta Bhavana (Meditation der liebenden Güte) praktizieren. Sie können sich persönlich oder online mit Gleichgesinnten vernetzen. Sie können sich für gesündere Fahrzeuge, Straßen, Wege, Licht, Luft, Sehenswürdigkeiten und Unterkünfte entscheiden. Sie können unnötige Arbeitsbelastungen vermeiden, sich nicht auf negative Verhaltensweisen einlassen und mit Menschen sprechen und ihnen zuhören, die mit demselben Mut leben.

Körperliches und geistiges Wohlbefinden

Reisen birgt verschiedene Risiken und gesundheitliche Herausforderungen wie Begegnungen mit Wildtieren, Malaria, Denguefieber, verlorenes Gepäck, unerklärliche Krankheiten, Parasiten, Zecken, Tierangriffe, lokale Fahrer, Taschendiebstahl, Gewaltverbrechen, politische Instabilität, Luftverschmutzung, Passagierrechte, Autounfälle, Konflikte, Zugstörungen, bürokratische Hürden, die Gesundheit von Flüchtlingen, die Gesundheitsversorgung in verschiedenen Ländern und Visumsanträge. Sinnvolle Vorsichtsmaßnahmen und erworbenes Wissen können die Angst vor dem Unbekannten verringern und eine belastbare Einstellung während der Reise fördern.

Selbstpflegestrategie:

- Hören Sie auf die Bedürfnisse Ihres Körpers und ruhen Sie sich aus, wenn es nötig ist.
- Entwickeln Sie geistige und körperliche Stärke.
- Erwägen Sie den Abschluss einer Reise- oder Krankenversicherung, um unerwartete Reiseschwierigkeiten abzudecken.
- Behalten Sie Ihren Sinn für Humor und vermeiden Sie Überreaktionen in riskanten Situationen.

Gesunde Ernährung und Bewegung

Reisen bringen oft etablierte Gewohnheiten durcheinander, darunter eine ausgewogene Ernährung und regelmäßige Bewegung. Auf Reisen, insbesondere an Orte mit begrenzten Kücheneinrichtungen, ist es wichtig, einen pragmatischen und anpassungsfähigen Ansatz in Bezug auf Ernährung und körperliche Aktivität zu verfolgen.

Tipps für eine gesunde Ernährung:

- **Gute Ernährung:** Konzentrieren Sie sich auf Nahrungsmittel, die den Bedarf Ihres Körpers decken und einen gesunden Mix aus Makronährstoffen enthalten, und vermeiden Sie nährstoffarme Nahrungsmittel wie zuckerhaltige Snacks und frittierte Speisen.
- **Frisches Obst:** Leicht zugänglich und transportierbar, ohne zu verderben.
- **Nüsse:** Leicht zu transportieren, langlebig und für unterschiedliche Wetterbedingungen geeignet.
- **Milch/Soja/Saft:** Grundlegend für eine schnelle Ernährung.
- **Schokolade/süßer Riegel:** Hilfreich bei einem kurzen Blutzuckerabfall.
- **Praktischer Ansatz:** Ergänzen Sie weitere Lebensmittelgruppen, wenn Zeit und Umstände es erlauben, ohne Stress.

Trainingstipps:

- **Stadtrundgänge:** Paris eignet sich hervorragend für Stadtrundgänge, Tokio ist ideal zum Ausspannen.
- **Tragbare Trainingsgeräte:** Springseile, Widerstandsbänder und Reisehanteln sind leicht zu transportieren.

- **Übungsbeispielkarten:** Personal Trainer stellen ihren Kunden häufig Übungskarten mit Anweisungen zur Verfügung, die sie auch auf Reisen befolgen können.

Durch die Anwendung dieser praktischen und anpassbaren Strategien stellen Sie sicher, dass Sie Ihr körperliches und geistiges Wohlbefinden bewahren, während Sie die Welt erkunden.

CHAPTER 10

Erinnerungen festhalten und Geschichten erzählen

Der Erfolg beim Teilen einer persönlichen Reisegeschichte hängt in vielerlei Hinsicht stark davon ab, wie wir diese besonderen Momente mit anderen teilen. Während sich manche Reisende für Fotografen halten und andere den Gedanken verabscheuen, während ihrer Reise eine teure Kamera oder ein Fotogerät mit sich herumzutragen, muss man zum Festhalten von Reiseerinnerungen nicht immer eine Kamera verwenden.

Für manche mag das Tagebuchschreiben im Zeitalter digitaler Geräte und sozialer Medien veraltet erscheinen. Reisende, die Trost darin finden, Dinge auf Papier zu kritzeln, haben jedoch etwas Tiefgründiges. Für viele geht es darum, ihre Stimme zu finden. Indem sie über stichpunktartige Gedanken hinausgehen und ihre täglichen Aktivitäten kuratieren, können Reisende ihre inneren Gefühlszustände dokumentieren. Auch das Fotografieren ist eine Form des Tagebuchschreibens. Manche Menschen möchten vielleicht kein Tagebuch führen, und das ist in Ordnung. Wenn das Festhalten Ihrer Gedanken keine Priorität hat und Sie gerade einen atemberaubenden Sonnenaufgang in der italienischen Landschaft erleben oder die Silhouette des Delicate Arch in Utah bewundern, können Sie den Moment mit einer Kamera, einem Telefon oder einer Polaroid festhalten, um später darüber nachzudenken. Auch wenn es Ihnen jetzt egal ist, könnte es jemandem wichtig sein. Um Mutter Natur willen kann das Festhalten eines besonderen Momentes einen nachhaltigen Eindruck hinterlassen.

Fotografie und Tagebuchschreiben

Fotografie und Tagebuch: Dies sind zwei der einfachsten Werkzeuge, um Reiseerinnerungen festzuhalten. Seit über einem Jahrhundert ist die Fotografie eine beliebte Form der Konservierung. Es kommt darauf an, wie Sie sie verwenden. Viele von uns verwenden Fotografie als Erinnerungsstück – beispielsweise ein Bild von Ihnen vor dem Eiffelturm mit Ihren Lieben als Erinnerung an eine Reise nach Paris. Das ist zwar ganz richtig und harmlos, aber die Art der Fotografie, die ich vorschlage, geht tiefer in das Erlebnis ein – und verwandelt einen ungezwungenen Urlaub in ein einzigartiges Erinnerungsstück.

Tagebuchschreiben: Dies ist eine schriftliche Form des gleichen Prinzips, das der Fotografie vorausgeht. Basierend auf dem Erlebnisdesign können sich unsere Tagebücher – Logbücher, Sammelalben, Reiseberichte – von bloßen To-do-Listen zu Reflexionen, Erzählungen und starkem persönlichen Geschichtenerzählen entwickeln. Dadurch wird Reisen vom Mainstream zum offiziellen Reisen.

Tipps zum Fotografieren:

- **Dokumentieren Sie Erlebnisse:** Machen Sie über die Standardfotos von Orten, die Sie unbedingt besuchen müssen, hinaus Fotos, die Erlebnisse und Menschen festhalten. Suchen Sie nach Momenten, zu denen eine Geschichte gehört: eine zarte Liebesgeschichte, die sich in einem Pariser Café abspielt, der Wind in Ihren Haaren auf einer Achter-

bahn oder eine überwältigte Seele, die am Fuße eines riesigen Denkmals steht.
- **Qualität statt Quantität:** Moderne Digitalkameras und Handykameras machen Bilder in hervorragender Qualität. Anders als früher, als es nur eine begrenzte Anzahl von Ausdrucken pro Aufnahme gab, können Sie heute so oft klicken, bis Sie das richtige Ergebnis haben. Es gibt immer eine Löschtaste, um unerwünschten Speicherplatz freizugeben.
- **Schnappschüsse:** Machen Sie Schnappschüsse von ganz normalen Menschen bei ihrem Alltag. Überzeugen Sie Fremde zu einem Porträt. Mehrere Fotos synchron können Bewegungsvariationen zeigen. Anders als bei der herkömmlichen Fotografie müssen Sie nicht tagelang auf Abzüge warten.

Tipps zum Tagebuchschreiben:

- **Reflexion und Erzählung:** Gehen Sie über To-Do-Listen hinaus und nutzen Sie Reflexions- und Erzählungsformen der Dokumentation. Verwandeln Sie Ihr Reisetagebuch in ein persönliches Meisterwerk des Geschichtenerzählens.
- **Kombinieren Sie Fotografie und Tagebuchschreiben:** Fügen Sie Ihren Tagebucheinträgen Ausdrucke bei. Schreiben Sie Ihre Gedanken zu den aufgenommenen Bildern, um ein umfassendes Reisetagebuch zu erstellen.

Erfahrungen mit anderen teilen

Durch das Teilen von Erfahrungen mit anderen können Reisende ihre Erfahrungen mit Fernweh auf sinnvolle Weise teilen. Da sich vielschichtige Bedeutungen, spannende persönliche Geschichten und soziales Teilen vertiefen, werden Verbindungen durch das Ausdrücken und Kommunizieren von Fernweh realer.

DAS KONZEPT DER WANDERLUST ERKUNDEN — 43

Dies kann für Teambuilding oder Offline-Unterricht nützlich sein und Teilnehmer dazu ermutigen, eine Erfahrung mit einem Fremden oder Bekannten zu teilen, der ihre Erfahrungen zu schätzen weiß.

Die Erkundung dieses Abschnitts zeigt, wie Reisegeschichten bei anderen ankommen, wie sie Mitreisende inspirieren und Menschen durch gemeinsame Geschichten auf ihren Reisen einbeziehen. Dieser Abschnitt hilft dabei, gemeinsame Erfahrungen zu erkennen, die in Geschichten zum Ausdruck kommen. Menschen könnten aufgrund der Energie, die aus gemeinsamen Geschichten entsteht, zu einem originellen Engagement für zukünftige oder alternative Wege der Vernetzung anregen. Denken Sie daran, den Teilnehmern mitzuteilen, warum Sie das Bedürfnis nach diesen Geschichten verspüren, damit das Konzept ihnen die ganze Zeit im Gedächtnis bleibt. Um ein Gemeinschaftsgefühl zu fördern, kann das Gefühl der Zugehörigkeit zu einem größeren Ganzen einbezogen werden, das aus unseren abenteuerlichen Funken erwächst, die uns dazu bringen, uns auf Social-Sharing-Websites zu engagieren. Zusammen weben unsere Geschichten und Interessen eine Erzählung der „Zusammengehörigkeit" und initiieren Social Sharing.

Reflexionen über Fernweh und persönliches Wachstum

Da sich unser Semester dem Ende nähert, haben wir uns die Zeit genommen, über das Konzept der Reiselust nachzudenken und darüber, wie das Reisen zu unserer persönlichen Entwicklung beigetragen hat. Die gemeinsamen Erfahrungen prägen weiterhin unsere gegenwärtigen Bestrebungen und Ansichten über die Welt und spiegeln das Wunder unseres ersten Tages in Europa wider. Viele von uns, begeisterte Leser, die glaubten, dass ein Auslandsstudium ihr Leben verändern würde, hätten nie wirklich erwartet, dass wir zu den Versionen unserer selbst werden würden, die wir heute sind, nämlich zu Weltreisenden. Während des Semesters vertiefte sich unsere Fähigkeit zur Selbstbeobachtung, als wir uns mit den Herausforderungen auseinandersetzten, Beziehungen aufzubauen und uns in sich verändernden Umgebungen zurechtzufinden. Bevor wir unsere abschließenden Gedanken teilen, werden wir unsere Bestrebungen für die Zukunft besprechen. Indem wir uns mit anderen in fremden Räumen verbunden haben und durch Einsamkeit wieder mit uns selbst in Kontakt kamen, haben wir die Eigenschaften entdeckt, die wir am meisten schätzen. Einige von uns möchten sich auf persönliches Wachstum konzentrieren und ihr Potenzial im kommenden Jahr maximieren. Wenn wir über unsere Lieblingsteile des Semesters sprechen, erwähnen wir oft beiläufig Denkmäler und Wahrzeichen, denken aber viel über die tiefen und wahren Verbindungen nach, die wir mit neuen Freunden geknüpft haben.

Diese Überlegungen helfen uns, uns nicht nur mit praktischen Dingen zu beschäftigen, sondern ein tiefes und seelenvolles Leben zu führen. Wenn unsere Auslandsreisen zu Ende gehen, hoffen wir, eine Einstellung voller Hoffnung und Wissen mit nach Hause zu nehmen: „Tragen Sie das, was Sie durch Ihre einzigartige Erfahrung gelernt haben, weiter, und passen Sie es an Ihren persönlichen Lebensstil und Ihre Denkwerkzeuge an." Während unseres Studiums in London wurden einige von uns gefragt, was wir nach unserer Rückkehr in die Vereinigten Staaten vorhätten. Obwohl jede Antwort unterschiedlich war, beinhalteten sie alle die Ideale der „Verbesserung" und „Verbesserung". Wir wissen jetzt, dass unsere Erfahrungen unsere Perspektiven und Welten erheblich erweitert haben. Wir haben vielleicht die physischen Landschaften Westeuropas durchquert, aber noch mehr haben wir das Terrain unseres eigenen Lebens, unserer Träume und Bestrebungen erkundet. Indem wir unsere Fußspuren in verschiedenen Städten hinterlassen, kehren wir mit einem erfüllten Herzen, erfüllt von gemeinsamen Erfahrungen und einem Netzwerk von ewigen Freunden nach Hause zurück. Unsere Reisen führten uns dazu, viele andere junge Reisende auf denselben Wegen der Selbstfindung und des mutigen Lebens zu treffen, wobei jeder von uns wanderte, um seinen ersehntesten „Weg" zu finden.

Gelernte Lektionen und Zukunftsziele

Wanderlust als ambivalenter menschlicher Zustand ist bei jungen Menschen, die viel Zeit und Energie ins Reisen investiert haben, sehr verbreitet. Sie ist eine wichtige Dimension des Handlungspotenzials bei der Entwicklung einer neuen Identität. Anbieter wie Freiwillige oder Sprachschulen haben Wege gefunden, um davon zu profitieren, indem sie Räume für persönliche, grenzenlose Anreizmechanismen bieten. Professionelle oder konsumorientierte Gastorganisationen sind jedoch im Allgemeinen nicht die Urheber dessen, was wirklich im Ausland passiert, wenn unabhängige Reisende und Wanderlustige unterwegs sind. Es ist einzigartig, dass Einzelpersonen die Umstände, Erfahrungen und Menschen, mit denen sie in Kontakt treten, genau bestimmen können. Aus meinen Daten geht hervor, dass unabhängige Reiseerlebnisse in verschiedenen Ländern – in denen sich Währung, Sprache und Verhaltensnormen ändern – zu den erstaunlichsten und bewegendsten Berichten gehören.

Viele Begegnungen sind beiläufig und kommen häufig vor, aber das Reisen selbst ist einzigartig. Angesichts der Tatsache, dass junge Menschen zwischen 18 und 34 häufig an internationalen Reisen und Erfahrungen teilnehmen und ältere Altersgruppen wahrscheinlich mit genügend Erfahrung reisen, erweitert und vertieft das Fernweh unsere Verbindungen und Möglichkeiten. Es hilft uns, die Augen zu öffnen und unsere Möglichkeiten zu erweitern, selbst wenn sie unerwünscht oder unangenehm sind. Touren führen oft dazu, dass man auf alternativen Routen nach Hause zurückkehrt und so neue Perspektiven auf den eigenen Lebensweg erhält.

Integration von Reiseerlebnissen in den Alltag

So wie Träume uns helfen, über kürzliche Erlebnisse nachzudenken und Probleme zu lösen, kann uns Abenteuerlust dazu anspornen, die nächste Reise zu planen und darüber nachzudenken, wie wir das Leben mit den Werten bereichern können, die wir unterwegs erfahren. Während nur wenige Menschen aus reichen Ländern große Freiwilligenprojekte durchführen, engagieren sich Millionen auf Reisen in kleinerem Umfang – sie streichen Häuser und Schulen, bauen Gehwege oder bauen nach Katastrophen wieder auf. Bei diesen Projekten geht es nicht um das, was gebaut wird, sondern um die Interaktion mit Fremden und das Gefühl, für etwas Größeres als persönliches Vergnügen zu arbeiten, beispielsweise einer notleidenden Gemeinde bei der Bewältigung einer Katastrophe zu helfen.

Manche Menschen helfen freiwillig Tieren, helfen in Schulen und Kliniken oder arbeiten an Umweltprojekten. Reisende helfen freiwillig, von benachteiligten Australiern aus ländlichen Gegenden zu lernen, oder nehmen an Veranstaltungen wie Musikfestivals teil. Diese scheinbar hybride Erfahrung aus extremen Erfahrungen, unangenehmen Aufgaben und dem Nervenkitzel des Reisens integriert Erfahrungsaspekte in das gesamte Leben. Viele vermeiden solche Reisen, weil sie davon ausgehen, dass die Vorteile im Ausland bleiben und nicht weiterhin ihren Alltag nach der Rückkehr nach Hause beeinflussen.

www.ingramcontent.com/pod-product-compliance
Lightning Source LLC
LaVergne TN
LVHW041639070526
838199LV00052B/3454